Gregor von Glasenapp

Ketzerphilosophie des Mittelalters

outlook

Glasenapp, Gregor von

Ketzerphilosophie des Mittelalters

ISBN: 978-3-86403-182-3
Erscheinungsjahr: 2011
Erscheinungsort: Bremen, Deutschland

© Outlook Verlagsgesellschaft mbH, Fahrenheitstr. 1, 28359 Bremen. Alle Rechte beim Verlag und bei den jeweiligen Lizenzgebern.

Bei diesem Titel handelt es sich um den Nachdruck eines historischen, lange vergriffenen Buches aus dem Jahre 1909. Da elektronische Druckvorlagen für diese Titel nicht existieren, musste auf alte Vorlagen zurückgegriffen werden. Hieraus zwangsläufig resultierende Qualitätsverluste bitten wir zu entschuldigen.

Gregor von Glasenapp

Ketzerphilosophie des Mittelalters

Ketzerphilosophie

des Mittelalters.

Das Buch genannt

„DE TRIBUS IMPOSTORIBUS".
1598.

Übersetzt,
mit einem Nachwort und Anmerkungen versehen

von

Gregor von Glasenapp.

Riga,
Verlag von Jonck & Poliewsky
1909.

§ 1. Daß ein Gott ist und daß ihm ein Kultus geweiht werden soll: ist ein Satz, über den von Vielen noch Erörterungen gepflogen werden, solange sie nicht völlig erkennen, was „Gott" heißt, was „Sein" heißt und in welchem Sinne das „Sein" den Körpern und Geistern — wie deren Unterscheidung es doch erheischt — gemeinsam ist, und was es heißt „Gott verehren", „ihm einen Kultus weihen". Bis dahin beurteilen sie den Kultus Gottes nach dem Maßstabe des Kultus vornehmer Menschen.

§ 2. Was Gott sei, darüber liefern die Menschen zwar Beschreibungen; jedoch nachdem sie zuvor ihre Unwissenheit in diesem Punkte zugegeben haben. Denn darüber, wie Gott sich von anderem unterscheidet, stellen sie — notgedrungen durch Negation angenommener positiver Begriffe[1]) — die Behauptung auf: Er sei ein unendliches Wesen, d. h. ein Wesen, dessen Grenzen sie nicht kennen, nicht fassen können. Daß er der Schöpfer Himmels und der Erde sei, sagen sie; aber wer sein Schöpfer ist, sagen sie nicht, weil sie es nicht wissen, und ihre Fassungsgabe nicht so weit reicht.

§ 3. Andere sagen: Er selbst sei der Ursprung seiner selbst, und behaupten, er stamme von niemand her als von sich; womit sie gleicherweise etwas sagen, was sie nicht begreifen. „Wir", sagen sie damit, „fassen nicht seinen Ursprung; folglich gibt es keinen." (Weshalb nicht gleich schon so: „Wir fassen Gott selbst nicht, folglich gibt es keinen Gott.") Die erste Regel dieser Philosophie des Nichtwissens lautet aber so: Es gibt kein Fortschreiten und kein Zurückgehen ins Unendliche. Warum nicht? Weil des Menschen Geist bei irgend etwas Halt machen muß? Weil er das zu tun gewohnt ist? Weil er sich über seine eignen Grenzen hinaus nichts mehr vorstellen kann? Als ob man wirklich folgern dürfte: ich fasse nicht das Unendliche; also gibt es keines.

§ 4. Und dennoch behaupten, wie die Erfahrung zeigt, einige von den Anhängern des Messias ein unendliches Fortschreiten und Zurückgehen in betreff göttlicher Eigenschaften und Personen — deren Definitionen jedoch noch bis jetzt strittig sind — und somit überhaupt, daß es ein Fort- und Zurückgehen ins Unendliche gebe. Denn von Ewigkeit her wird der Sohn gezeugt; von Ewigkeit her weht der Hauch des heiligen Geistes. ins Unendliche wird gezeugt, wird fortgeschritten. Denn wenn sie einmal anfängen oder aufhörten: diese Zeugung oder dies Wehen — so würde der Begriff der Ewigkeit dadurch verletzt.

§ 5. Wenn man nun auch mit diesen Leuten darin übereinstimmen wollte, daß menschliche Zeugung sich nicht ins Unendliche ausdehnen könne, so ist es doch bereits nicht mehr klar, wie sie das aus der Endlichkeit ihres Intellekts erschließen. Haben nicht etwa noch andere Arten von Hervorbringungen auch unter höheren Wesen auf ihre Weise und in ebenso großer Anzahl, wie bei den Menschen auf der Erde stattgefunden; und wer aus der Gesamtzahl wäre dann vorzugsweise als Gott anzuerkennen? Denn jede Religion gesteht ja zu, daß es auch göttliche Mittler gibt, obzwar nicht alle mit den gleichen Ausdrücken. Daher scheint der Grundsatz: ein seiner Beschaffenheit nach über dem Menschen erhabenes Wesen müsse Eines sein, — erschüttert zu werden. Und dann könnte man sagen, daß so aus der Verschiedenheit der hervorbringenden Götter die Verschiedenheiten der religiösen Lehren und die Mannigfaltigkeit der Kulte entsprungen sei, worauf vorzugsweise die Arten der Andacht bei den Heiden zurückzuführen sind.

§ 6. Was jedoch die Vorwürfe betrifft wegen der Mordtaten und Liebschaften der heidnischen Götter, so findet sich — abgesehen davon, daß die Erzählungen, wie die Weisesten unter den Heiden schon längst bewiesen haben, symbolisch zu verstehen sind — ähnliches auch bei anderen. Die Niedermetzelung so vieler Völkerschaften wurde von Moses und Josua auf Gottes Geheiß vollzogen. Auch ein Menschenopfer hatte der Gott Israels dem Abraham anbefohlen. In dem besonderen Falle wurde es nicht bis zu Ende vollzogen. Er konnte aber nicht etwas solches befehlen und Abraham konnte nicht glauben.

daß es im Ernst befohlen wurde, falls es geradezu und an sich dem Wesen Gottes entgegen gewesen wäre. Mohammed verspricht als Preis für das Annehmen seines Aberglaubens den ganzen Erdkreis zum Besitz; und die Christen schwärmen vielfach von der Niedermetzelung ihrer Gegner und der Unterjochung der Feinde der Kirche; die auch wahrlich nichts geringfügiges war, da hiernach im ganzen römischen Reiche die Christen ans Staatsruder kamen. Ist nicht die Polygamie auch von Mohammed, Moses und, wie eine gewisse Religionspartei auseinandersetzt, sogar im Neuen Testament von Christus erlaubt worden? Hat nicht Gott als heiliger Geist in eigentümlicher Verbindung mit einer verlobten Jungfrau den Sohn Gottes erzeugt?

Was man sonst den Heiden an lächerlichen Idolen und Mißbräuchen des Kultus vorwirft, ist nicht von solcher Bedeutung, daß nicht das gleiche den Anhängern der übrigen Religionen vorgehalten werden könnte. Und dabei läßt sich immer mit leichter Mühe nachweisen, daß diese Mißbräuche eher von den Handlangern als von den Begründern der Religionen, mehr von den Schülern als von den Lehrern verschuldet sind.

§ 7. Übrigens nennen — um auf das frühere zurückzukommen — dasjenige Wesen, welches dem Denkprozeß des Intellekts eine Grenze setzt, die einen die Natur, die andern Gott. Einige sind hierin einig, andere differenzieren ihre Meinung noch mehr. Einige erträumen sich Welten von Ewigkeit her und nennen die geordnete Verknüpfung der die Welt ausmachenden Dinge, d. h.

die Weltordnung — Gott. Andere wollen als Gott ein besonderes Wesen annehmen, das weder gesehen, noch mit dem Verstande begriffen werden kann; wobei übrigens auch in den Lehren dieser Leute nicht selten Widersprüche vorkommen. Soweit die Religion den Kultus betrifft, leiten die einen sie aus der Furcht vor unsichtbaren Mächten ab, die andern aus der Liebe. Und je nachdem nun hier oder dort die unsichtbaren Mächte nicht die richtigen sein sollen, wird wechselweise die eine Partei von der andern zur Götzendienerin gemacht, darnach, wie die Grundprinzipien eines jeden es verlangen.

§ 8. Die Liebe zu jemandem, behauptet man, gehe aus dem Wohlwollen jenes andern hervor; und man führt sie auf Dankbarkeit zurück, während sie doch am ehesten sich aus einer Sympathie der Lebenssäfte entwickelt, und die Wohltaten unserer Feinde meist nur um so lebhaftern Haß entzünden; was freilich niemand von den Heuchlern einzugestehen wagt. Und wer dürfte wohl bei der Behauptung verharren, daß Liebe aus dem wohlwollenden Verhalten desjenigen hervorgehe, der dem Wesen des Menschen Bestandteile des Löwen, Bären und anderer noch scheußlicherer Bestien einverleibt hat, damit ihm dadurch eine der Neigung des Schöpfers selbst zuwiderlaufende Beschaffenheit zu eigen werde? Wer, der den schwachen Charakter der Menschen gar wohl kennt, hätte ihnen den Baum hingepflanzt, durch den, wie er wohl wußte, sie eine Schuld auf sich laden sollten: zum Verderben für sich selbst und (wie einige behaupten) für alle ihre Nachkommen? Und dabei sollten die Menschen noch gar wie für eine ausgezeichnete Wohltat zur Verehrung oder zu Danksagungen verpflichtet sein? Natürlich!

„Wohlan so würgt mich ohne Schonen!
Das wird dem Ithaker willkommne Botschaft sein,
Das wird die Söhne Atreus' hoch erfreun,
Und herrlich werden sie's euch lohnen."²)

Nimm du doch eine menschliche Waffe, z. B. ein Schwert, falls dir ein ganz sicheres Vorauswissen zusteht (welches freilich einige, eben um dieses Falles willen, nicht an Gott als Zubehör meinen annehmen zu dürfen), so daß es derjenige, vor dessen Augen du es hinstellst, ergreifen und damit sich und seine ganze Nachkommenschaft in kläglicher Weise umbringen wird; in wem noch ein Tropfen Menschlichkeit übrig ist, der wird das zu begehen verabscheuen. Ergreife also nur, sage ich, einen Degen, du, der du z. B. Vater bist, der du jemandes Freund ist; und wenn du ein wahrer Vater und Freund bist, stoße damit nach deinem Freunde oder deinen Kindern, indem du ihnen zuvor den Befehl zurufst, sich den Degen nicht in den Leib zu rennen, und doch ganz zweifellos voraussiehst, daß du sie damit durchbohren und ein klägliches Blutbad der deinigen, und zwar noch unschuldiger Wesen, anrichten wirst. Bedenke, falls du ein Vater bist, ob du wohl so handeln wirst? Was verdient: tückischer Hohn auf das Verbieten genannt zu werden, wenn nicht dies? Und doch hätte nach jener Lehre Gott eine solche Vorschrift gegeben haben müssen.

§ 9. Ein solcher Gott solle um seiner Wohltat willen im Kultus verehrt werden, verlangt man, weil man schließt: ist er Gott, so muß er verehrt werden; auf ganz ähnliche Art, wie man folgert: er ist Großmogul, also muß er verehrt werden. Auch den verehren ja die Seinigen, aber wozu? Natürlich damit seinem und aller Magnaten unbändigem Stolze Genüge geschehe, nichts weiter. Denn er wird hauptsächlich aus Furcht vor seiner sichtbaren Macht (die mit seinem Tode verschwindet) und ferner in der Hoffnung auf Belohnung verehrt. Derselbe Grund kann von der Verehrung der Eltern und anderer Vorgesetzter gelten. Und da nun die unsichtbaren Mächte für gewichtiger und größer gehalten werden, als die sichtbaren, so sollen sie folglich auch in höherem Grade zu verehren sein. Nichtsdestoweniger behauptet man, Gott sei aus Liebe zu verehren. Allein welche Liebe läßt die harmlosen Nachgeborenen einer nie endenden Schuld anheimfallen um des Fehltritts eines Menschen willen: ein Fehltritt, der mit Gewißheit vorausgesehen und demnach auch vorausbestimmt war? (Zum mindesten durch Zulassung vorausbestimmt.) Jedoch, sagt man, sie sollen ja von der Schuld wieder erlöst werden. Aber wie? Ein Vater wird seinen einzigen Sohn dem äußersten Elende preisgeben, so daß er also den einen, um den andern von früherer Schuld zu erlösen, nicht geringeren Qualen überliefert.

Eine so leichte Auffassung der Sache kannten die Barbaren noch nicht. Weshalb also soll Gott geliebt und verehrt werden? Weil er uns geschaffen hat. Wozu geschaffen? Damit wir fallen sollten; weil er sicher vorauswußte, daß wir fallen mußten, und als Mittel dazu uns den verbotenen Apfel darbot, ohne den man nicht fallen konnte. Immerhin möge man annehmen, daß Gott ein Kultus deswegen darzubringen ist, weil alles von ihm abhängt in Hinsicht des Geschaffenwerdens; einige fügen allerdings hinzu: auch in Hinsicht des Daseins und Erhaltenwerdens.

§ 10. Zu welchem Zwecke soll nun Gott verehrt werden? Ist er der Verehrung bedürftig oder wird er durch die Verehrung besänftigt? So wird sichs wohl, nach jener Meinung, verhalten: Eltern und Wohltäter verehrt man bei uns. Aber was bedeutet dieser Kultus, diese Verehrung? Die soziale Verbindung der Menschen trägt Vorsorge für das gegenseitige Bedürfnis; und man kultiviert diejenigen, die, wie man überzeugt ist, uns mehr und besser beizustehen vermögen, als wir ihnen. Niemand meint dem andern beistehen zu sollen ohne Gegenleistung, falls er dessen bedarf. — Das anerkennen der Wohltat wird auch Dank genannt.³) Dieser setzt dann eine größere Erkenntlichkeit voraus für die Wohltat des Einen, dem man ihn schuldet; setzt voraus, daß er dementsprechend gefeiert werde und daß der andere wiederum ihm wie ein Diener zur Hand gehe und über seinen Glanz und seine Herrlichkeit auch bei anderen Leuten eine große Meinung erwecke. Nämlich die Meinung anderer von der Macht, die wir haben, der Not des Einzelnen oder der Menge abzuhelfen, kitzelt uns; macht, daß uns, wie dem Pfau, der Kamm schwillt, woher auch die Herrlichkeit zu den Tugenden gezählt wird. Allein, wer erkennt an solchen Erscheinungen nicht die Unvollkommenheit unseres Wesens? Und wer darf sagen, daß auch Gott, der allervollkommenste, an etwas Not leidet? Daß er jedoch solche Wünsche hege, wenn er vollkommen ist, schon an sich selbst genügend befriedigt und an Ehren reich ist, weit über alles das hinaus, was es außerhalb seiner an Ehren gibt — wer kann das sagen, ohne damit zugleich zu behaupten, daß Er Not leide. Die Sehnsucht nach Ehrungen ist ein Zeichen der Unvollkommenheit und Ohnmacht.[4]

§ 11. Auf die Einstimmigkeit der Ansichten aller Völker berufen sich an diesem Punkte hartnäckig gewisse Leute, die doch kaum mit allen ihren Landsleuten sich darüber ausgesprochen haben oder die etwa drei, vier Bücher, welche vom Zeugnis der Gesamtwelt handeln, sich angesehen haben — die jedoch nicht erwägen, wie weit überhaupt dem Verfasser eines Buches von dem sittlichen Zustande des Weltalls etwas sicheres bekannt ist. Und jene guten Leute kennen ja auch nicht alle Autoren. Man beachte jedoch, daß hier nach dem Kultus gefragt wird, der seine Grundlage in Gott selbst und seinen Werken hat, nicht aber in irgend einem Interesse irgend einer Gesellschaft. Denn es gibt niemanden, der nicht begreift, wie nützlich es hauptsächlich für die Herrschenden und Reichen im Staate ist, daß auf die Religion eine gewisse äußere Rücksicht genommen werde, um den unbändigen Sinn des Volkes gefügiger zu machen.

§ 12. Übrigens wer, der um den obigen Erkenntnisgrund für den Gottesglauben bekümmert ist, möchte glauben, daß in dem Hauptsitz der christlichen Religion, in Italien, so viele Freidenker und — um etwas wichtigeres zu nennen — so viele Atheisten stecken; und falls er es glaubt, wer möchte dann noch behaupten: alle Völker stimmten darin überein, daß es einen Gott gibt und daß er verehrt werden muß? Eigentlich meint man, sei das so, weil es wenigstens die Vernünftigeren so bekennen. Welche Vernünftigeren denn: der Oberpriester, die Auguren und Deuter des Vogelfluges bei den Alten, Cicero, Cäsar, die Fürsten und die ihnen anhängenden Priester usw. Aber woher steht denn eigentlich so fest, daß diese immer das aussprechen und behaupten, was sie meinen und nicht etwa um ihres Vorteils willen solchen Glauben zur Schau tragen? Jene freilich, die am Staatsruder sitzen und an der Quelle der Einkünfte, die aus der Leichtgläubigkeit des Volkes fliessen, drohen mit der großen Macht und Strafe unsichtbarer Gewalten, erdichten auch bisweilen etwas von ihren intimen Beziehungen [5]) und Verbindungen mit jenen Gewalten und haben sich damit etwas verschafft, was ihrem Luxusbedürfnis genügt oder es noch überschreitet. Denn daß die Priester solches lehren, ist nicht zu verwundern, weil es die Basis ihres Lebensunterhalts bildet. So steht es mit jenen maßgebenden Meinungen der sogenannten Vernünftigeren.

§ 13. Gesetzt, daß dies Weltall von der Richtung abhänge, die ihm von der ersten bewegenden Ursache gegeben wurde: dann wird eben zuerst dies, diese Abhängigkeit da sein.⁶) Denn was hindert, daß die erste von Gott gegebene Ordnung derart gewesen sei, daß alles in einmal festgestelltem Laufe bis zu einer im voraus fixierten Grenze gehe, falls nämlich Gott eine solche vorausbestimmen wollte? Keine neue Mühwaltung, Abhängigkeit und Unterstützung ist dann mehr nötig; sondern Gott konnte gleich anfangs jedem das genügende Maß an Kräften spenden. Und warum soll man nicht sagen, daß er's getan hat? Man darf doch nicht glauben, daß Gott beständig alle Elemente und Teile des Weltalls besuche, wie der Arzt den Kranken.

§ 14. Was soll man nunmehr von dem Zeugnisse des Gewissens sagen und von der Frage: woher wohl nach den Missetaten jene Beklemmung des Herzens sich bei uns einfinde, falls es nicht sicher wäre, daß ein Kündiger und Vergelter von oben her in uns zugegen ist, dem solches mißfällt; nämlich weil unser Verhalten ganz zu seinem Kultus im Widerspruch stand? Ich will jetzt weder das Wesen des Guten und Bösen, noch die Gefahr der Vorurteile, noch die Grundlosigkeit der meisten Befürchtungen, wie sie aus vorgefaßten Meinungen entstehen, hier tiefer ergründen. Ich sage nur eines ⁷): Solches, d. h. die Stimme des Gewissens, entspringt daher, weil eben alle Missetaten darin ihre Wurzel haben, daß in uns der übereinstimmende Wille und die Einigkeit, bei unserer Hilfsbedürftigkeit uns gegenseitig beizustehen, die das Menschengeschlecht aufrecht erhält, entstellt und verkehrt worden ist; und weil, wenn man von jemandem die Meinung hegt, er wolle diese Hilfsbedürftigkeit eher ärger machen als ihr abhelfen, solches ihn verhaßt macht. So kommt es, daß er dann selbst fürchtet, sich den Widerwillen und die Verachtung der anderen oder eine ebensolche Weigerung zuzuziehen, ihm gelegentlich seiner eignen Hilfsbedürftigkeit beizustehen; wobei er obendrein die Macht verlöre, anderen oder auch nur sich selbst zu helfen; insofern, als er nämlich besorgt sein muß, von andern auch der Macht zu schaden beraubt zu werden.

§ 15. So handeln nun freilich die, sagt man uns, die das Licht der Heiligen Schrift nicht haben, die nämlich als natürlichem, innerem Lichte dem Geheiß ihres Gewissens folgen, was sicher darauf hinweisen soll, daß Gott dem, allen Menschen gemeinsamen Intellekte gewisse Funken seiner Erkenntnis und seines Willens eingeflößt habe; und wer dieser göttlichen Eingebung entsprechend handelt, von dem muß man sagen, er habe recht getan.[8]) Und welches könnte der Sinn jener Gebote der Gottesverehrung sein, wenns nicht eben dieser ist? Beiläufig bemerkt, wird mit vielen Beweisgründen die Frage erörtert, ob die Tiere in ihrem Verhalten dem Antrieb der Vernunft folgen; und diese Frage, die ich übrigens hier nicht berühre, ist noch unentschieden. Wer hat uns gesagt, daß solches nicht vielleicht geschehen mag, oder das nicht ein fein ausgebildetes Tier einen rohen und verwilderten Menschen bisweilen an Intellekt und Urteilsfähigkeit übertrifft?

§ 16. Um jedoch zu sagen,⁹) wie jene Sache steht: der größte Teil jener müßigen Menschen, die freie Zeit übrig behalten, um sich gar zu spitzfindige, das gewöhnliche, schlichte Fassungsvermögen übersteigende Dinge auszudenken und so ihrem Dünkel wie auch ihrem Vorteil zu genügen, hat sich viele feine Regeln ersonnen, für die ein Thyrsis und ein Alexis — von der Sorge für das Vieh und die Landarbeit in Anspruch genommen — keine Muße übrig behalten konnten; woher denn diese schlichten Leute jenen andern Glauben beimessen, die sich müßigen Spekulationen ergaben, als den weiseren; füge hinzu: als den geschickteren im prellen der Gimpel. Daher geh nur hin, guter Alexis, verehre den Pan, die Waldgötter, Satyrn, Dianen usw.! Jene großen Philosophen werden dir schon vom Traume des Numa Pompilius etwas offenbaren, werden von den verliebten Zusammenkünften mit der Nymphe Aegeria erzählen und eben dadurch dich zum Kultus solcher Wesen anhalten wollen. Und als Sold der Frömmigkeit, sowie um jene unsichtbaren Mächte zu versöhnen und ihre Gunst zu erlangen, werden sie die Zierden der Herde und deinen Schweiß sich als Opfer ausbitten zu ihrem eignen Lebensunterhalte. Und daher also, weil Titius den Pan, Alexis die Faunen, Rom einen Mars und Athen unbekannte Götter verehrt habe, soll man glauben, daß jene Biedermänner dasjenige vermöge eines natürlichen innern Lichtes erkannt hätten, was in Wirklichkeit von müßigen Spekulantenköpfen erfunden und jenen zugeschrieben worden war? — um mich über den Glauben gewisser anderer nicht noch unsanfter zu äußern.

Und weshalb hat diese Vernunft ihnen nicht auch eingeprägt, daß sie ja in ihrem Kultus irregehen, daß sie lächerlicherweise auch Bilder und Steine gleichsam als Wohnsitze ihrer Götter verehren? Oder soll man glauben, weil brave Frauenzimmer den Franziskus, Ignatius, Dominikus und ähnliche mit solcher Andacht verehren, sage ihnen die Vernunft, daß wenigstens aus der Zahl der Heiligen Männer jemand verehrt werden müsse? und daß dann jene Frauen in betreff des Kultus einer höheren,. nicht mehr sichtbaren Macht vermöge eines natürlichen Lichtes Verständnis besitzen? während doch das unsere Priester in ihrer Muße erdichtet haben, um die Mittel zu ihrem Lebensunterhalt prächtig anwachsen zu lassen.

§ 17. Soll es etwa deshalb keinen Gott geben? O nein! Wir wollen annehmen, daß wohl einer da ist. Und er soll also auch im Kultus verehrt werden? Das folgt noch nicht daraus; d. h. weil er sich den Kultus wünscht, so folgt noch nicht, daß er ihn uns ins Herz geschrieben habe. Was nun weiter? Wir werden dem Zuge unserer Natur folgen. Der wird freilich für unvollkommen angesehen. Worin? Er genügt doch, um einigermaßen behaglich das menschliche Gemeinschaftsleben aufrecht zu erhalten. Denn andere, religiöse Menschen verbringen, geleitet von Offenbarungen, ihr Leben nicht glücklicher. Inwiefern verlangt Gott von uns vor allem eine genauere Kenntnis von Gott selbst? Und wer immer eine solche darzubieten verspricht — welcher Religion er auch angehören mag — leistet es nicht. Denn was Gott ist, das bleibt, nachdem wir es uns nach welcher Offenbarung auch immer erklären lassen — nachher noch weit dunkler, als es vorher war. Und wie werdet ihr das überhaupt mit Vernunftbegriffen deutlicher machen, was aller Vernunft eine Grenze zieht? Was meint ihr darüber? Gott hat kein Mensch je gekannt, noch auch ein Auge ihn je gesehen; dabei wohnt er in unzugänglichem Glanze, und auch nach erfolgter Offenbarung bleibt er rätselhaft. Und wie es mit der Verständlichkeit von Rätseln steht, ist, glaube ich, jedem bekannt. Also von woher kommt euch denn die sichere Kenntnis, daß Gott das alles, d. h. den Kultus und die Kenntnis seiner selbst von uns verlangt? Nicht etwa aus der Sehnsucht der Menschenvernunft, die Schranken ihrer eigenen Fassungskraft zu überfliegen, um alles vollkommner, als sie es wirklich tut, zu erfassen; oder von wo anders her?

§ 18. Aus einer besonderen Offenbarung. Wer bist du, deinem Glauben nach, der du das behauptest? Guter Gott! Welch ein buntes Durcheinander von Offenbarungen! Du kommst mit den Orakeln zu Heiden? Sie hat schon das Altertum verlacht. Mit dem Zeugnis deiner Priester? Ich zeige dir sofort Priester, die das Gegenteil sagen. Mögt ihr miteinander disputieren; aber wer wird Kampfrichter sein? Was ist dann das Ende der Kontroverse? Weist du hin auf die Schriften des Moses, der Propheten und der Apostel? Dann stellt sich dir der Koran entgegen, der auf Grund einer noch neueren Offenbarung sie für korrumpiert erklärt und dessen Verfasser, sich auf göttliche Wunder berufend, rühmt, die Entstellungen und Zänkereien der Christen mit dem Schwerte zerhauen zu haben, wie Moses die der Heiden. Denn mit Waffengewalt hat Mohammed Eroberungen gemacht, mit Waffengewalt auch Moses Palästina unterjocht: beide mit großen Wunderkräften ausgerüstet. Dann stehen uns noch gegenüber die gesammelten Schriften der verschiedenen Sektenanhänger, wie auch die des Veda und der Brahmanas, um 1300 Jahre früher; um von den Chinesen ganz zu schweigen. Ihr, die ihr hier in einem Winkel Europas steckt, geht darüber hinweg, verneint es; mit wie gutem Grunde: da seht selbst zu! Denn genau ebenso bequem ist's jenen Leuten, zu verneinen, was ihr vorbringt. Und was wäre nicht sonst noch an Wundern übrig, um die Bewohner des Erdkreises zu überzeugen, falls noch durch frühere drei Bücher des Veda folgende Urschöpfung des Alls bewiesen wäre: daß damals nämlich die Welt aus dem Ei eines Skorpions, in dem sie verborgen gewesen war, geboren worden und die Erde auf dem Haupte eines Stieres ruhe. Freilich hat diese ersten drei Bände des Veda irgend ein neidischer Göttersohn unterschlagen. Die unsrigen würden solches verlachen; und es gäbe ihnen bloß zur Befestigung ihrer eigenen Religion ein neues Argument ab, jedoch eines, das seine Grundlage doch auch nirgends sonst hat, als im Gehirn ihrer Priester. Und von wo anders etwa stammen so viele riesige Bände und Lügenfuder, die von den Heidengöttern erzählen?

§ 19. Da verfuhr schon Moses klüger, der zuerst in den ägyptischen Künsten, d. h. im Kultus der Gestirne und der Magie erzogen worden war, dann mit dem Ungestüm der Waffen die Fürsten Palästinas aus ihren Sitzen verjagte und durch vorgebliche Unterredungen mit der Gottheit nach Art des Numa Pompilius dem Heere zu seinem Unternehmen Vertrauen einflößend, die Besitzungen harmloser Leute einnahm; damit natürlich er dann selbst der große Feldherr sei und sein Bruder der Hohepriester, damit er Fürst und Diktator — welch eines Volkes! sei. Andere haben später zuerst die unerfahrene Masse des heidnischen Pöbels, dann auch die Fürsten der Völker, die dort verhaßt und wegen der Gewalt der frisch aufkeimenden Religion um ihre Person besorgt waren, für sich gewonnen, jedoch nach sanfteren Methoden und indem sie das Volk durch ihre tiefe Frömmigkeit (ich trage Scheu noch anderes zu nennen) beschwichtigten. Schließlich hat einer, der kriegslustig war, die gar zu unbändigen Völker Asiens, die sich mit den christlichen Kaisern schlecht standen, durch erdichtete Wunder für sich gewonnen, indem er ihnen nach dem Vorgange des Moses viel Wohltaten und Siege versprach. Er hat die unter sich uneinigen und sorglosen asiatischen Herrscher unterworfen und mit dem krummen Säbel seine Religion befestigt. Der erste von den dreien soll das Heidentum, der zweite das Judentum, der dritte beide korrigiert haben. Wer dasselbe mit Mohammed und dem Islam tut, wird abzuwarten sein. Natürlich ist bei diesen Vorgängen die Leichtgläubigkeit der Menschen Täuschungen ausgesetzt; und daß man solche unter dem Vorwande Nutzen zu stiften mißbraucht, wird verdientermaßen Betrug genannt. Das Wesen dieser Gattung und die einzelnen Arten in breiter Weise zu entwickeln, wäre langweilig und widerstände mir auch. Das freilich müssen wir beachten, daß, selbst wenn man die Existenz einer natürlichen Religiosität und des schuldigen Gottesdienstes, soweit er von der Natur vorgeschrieben sein soll, einräumt, doch schon jeder Begründer einer neuen Religion verdächtig ist, eine Täuschung zu vollziehen; und zwar vorzüglich deshalb, weil es allen sonnenklar und aus dem, was gesagt worden und gesagt werden mußte, augenscheinlich ist, wie große Täuschungen bei der Ausbreitung einer Religion mit unterlaufen.

§ 20. Folglich bleibt jener zweite, frühere Einwand unverändert bestehen: daß nämlich Religion und Gottesdienst gemäß dem Gebote des natürlichen inneren Lichtes in Übereinstimmung sei mit der Wahrheit und Billigkeit. Wer dann noch etwas anderes, entweder neues oder mit jenem nicht in Einklang stehendes in betreff der Religion lehren will, und zwar auf die Autorität einer höheren unsichtbaren Macht sich berufend, muß offenbar seine eigene reformatorische Fähigkeit dabei bekunden, falls er nicht will, daß alle ihn für einen Betrüger halten; nämlich für einen, der der Meinung aller widerspricht und sich dabei weder auf die Schlußfolgerungen aus der gesunden Vernunft, noch auf die Autorität einer speziellen Offenbarung berufen kann. Mag er überdies in seinem sittlichen Lebenswandel so rechtschaffen sein, daß die Menge ihn für würdig halten kann, von der hohen heiligen Gottheit, der nichts Unreines naht, in den Verkehr mit sich aufgenommen worden zu sein; so werden auch dieses nicht sein eignes Zeugnis allein, noch die bisherige genügend fromme Lebensführung, noch irgend welche Wunder, d. h. außerordentliche Taten beweisen können. Denn alle solche Dinge sind ja auch die gemeinsame Eigentümlichkeit der Magier, der im hintergehen der Menschen gewandten verlogenen Heuchler, die durch solches Beginnen sich Vorteil und Ruhm erjagen.

Selbst darauf darf man nicht viel geben, daß einige es in ihrem Wahnwitz so weit getrieben haben, freiwillig in den Tod zu gehen, um für Leute gehalten zu werden, die, wie verschiedene von den alten Philosophen, alles geringschätzen und allem überlegen sind. Denn man darf doch nicht glauben, daß sie bei dem von besonderen göttlichen Kräften unterstützt worden waren, was sie infolge mangelnder Urteilskraft begingen, getrieben von leerer Einbildung und dem eitlen Glauben an goldne Berge. Denn weder haben diese Leute die Sache genügend beurteilt, noch sind sie echte Religionslehrer. Damit man aber solche richtig erkenne, ist nicht nur, sagte ich, ihr eignes Zeugnis unzureichend, sondern man muß sie selbst noch unter sich und dann mit ihnen andere Zeugen konfrontieren; und zwar sowohl bekannte, nahe vertraute Zeugen als auch unbekannte, sowohl Freunde als Feinde; um dann aus der Sammlung aller Zeugnisse — jedes Lehrers der Religion über sich und der anderen über ihn — zur Wahrheit durchzudringen. Und falls die Zeugen uns selbst unbekannt sein sollten, so werden über die Zeugen andere Zeugen und so fort zu Rate zu ziehen sein. Und hierauf ist obendrein noch deine Urteilsfähigkeit zu prüfen: ob du imstande bist, das Falsche, wenn es von dieser oder jener, dem echten besonders ähnlichen Umgebung verhüllt wird, von dem Wahren zu unterscheiden. Darauf muß untersucht werden, woher du die Merkmale, nach denen du die Wahrheit unterscheidest, genommen hast, und schließlich noch verglichen werden, wie andere darüber urteilen, was sie aus einer solchen Beweisführung oder Zeugenaussage folgern. Und danach erst wird man den Schluß ziehen dürfen, ob es ein wahrer Bote der Offenbarung göttlichen Willens ist, der sich dafür ausgibt und ob man schleunigen Schrittes sein Geheiß zu erfüllen hat. Nur müssen wir uns auch dabei hüten, in einen Zirkel der Schlußfolgerungen zu geraten.

§ 21. Da es nun eine Eigentümlichkeit der Hauptreligionen ist, daß die eine sich auf die andere zurückbezieht, wie die des Moses auf das Heidentum, die des Messias auf das Judentum, die des Mohammed auf das Christentum, und daß die spätere Religion die frühere verwirft — zwar nicht immer und in bezug auf alles, sondern nur in gewissen Teilen, in bezug auf das übrige sich sogar auf die frühere beruft, wie der Messias und Mohammed tun — so wird es notwendig sein, nicht bloß die letzte oder die mittlere oder die erste, sondern alle einzeln sorgfältig durchzuprüfen; vorzüglich deshalb, weil von jeder Religionspartei den anderen Betrug vorgeworfen wird, z. B. den Alten vom Messias, weil sie das Gesetz entstellt hätten, den Christen von Mohammed, weil sie das Evangelium verdreht hätten — was nicht zu verwundern ist, da selbst unter den Christen die eine Sekte die andere der Verdrehung des Textes des Neuen Testamentes beschuldigt. Damit man sicher sein könne, ob auch der Lehrer der Religion, dem sich anzuschließen empfohlen wird, der wahre sei, müssen überhaupt vorher die, welche einen Vorzug zu haben behaupten, gehört worden sein. Denn bei der Prüfung darf keine religiöse Richtung übergangen werden; jede vielmehr muß ohne irgend ein Vorurteil verglichen werden. Wenn auch nur eine übergangen wird, so ist sie es vielleicht gerade, die in ihren Lehren mehr Wahrheit besitzt. So wird, wer dem Moses folgt, auch nach der Lehre der Christen auf dem Wege der Wahrheit sein, nur daß er nicht dabei allein stehen bleiben durfte, sondern auch die Wahrheit der christlichen Religion aufsuchen sollte.

In der Tat behauptet eine jede Religionspartei, daß die besten Lehrer auf ihrer Seite stünden: und eine jegliche will solches durch die Erfahrung an sich erprobt haben und erprobe es noch täglich von neuem; und andere bessere Lehrer gebe es nicht. Das geht so weit, daß man entweder allen glauben müßte, was einfältig wäre, oder niemandem, was, auf so lange bis der wahre

Weg erkannt worden, sicherer ist, damit man eben beim vergleichen keinen übergeht.

§ 22. Solchem Verfahren widerspräche nicht die Tatsache, daß man, um zu erfahren, ob zwei mal zwei wirklich vier sei, nicht erst einen Kongreß aller Mathematiker zu berufen braucht. Die Sache ist eben nicht dieselbe; da man noch niemanden gesehen hat, der daran gezweifelt hätte, ob zwei mal zwei vier sei; während umgekehrt, bei den verschiedenen Religionen weder Ende noch Anfang noch Mitte miteinander übereinstimmen. Angenommen, ich kenne nicht den rechten Weg des Heils und folge inzwischen den Brahmanen oder dem Koran. Werden nun nicht Moses und die übrigen sagen: was ist dir von uns schlimmes widerfahren, daß wir, die besser und wahrer sind, so verstoßen werden? Was soll man darauf antworten? Ich habe Mohammed oder den Gymnosophisten geglaubt, weil ich in ihrer Lehre geboren und erzogen worden bin und daraus entnommen habe, daß deine und die darauffolgende christliche Religion entstellt worden und längst überwunden seien, oder daß diese Religionen selbst die Wahrheit entstellen. Werden sie nicht erwidern, daß sie nichts von jenen Religionslehrern und daß jene nichts von der wahren Anleitung zum Heile wissen; das Eine jedoch, was sie wissen, bestehe darin, daß jene Verderber und Betrüger seien, die durch vorgebliche Wunder und durch Lügengeschichten das Volk verlocken. So kurzweg dürfe man doch nicht einem Menschen oder einer Sekte Vertrauen beimessen, indem man dabei alle übrigen ohne die Prüfung, die man ihnen schuldig ist, verwirft. Denn mit demselben Rechte sage der Äthiope, der noch nie aus seinem Lande verschlagen worden: es gebe unter der Sonne keine anderen Menschen, als solche von schwarzer Farbe.

§ 23. Außerdem muß man bei der Prüfung der übrigen Glaubensrichtungen auch darauf achten, daß die gleiche Sorgfalt auf die Untersuchung aller verwandt werde; damit nicht, während man die eine mit ausgezeichneter Sorgfalt beleuchtet, die übrigen bei der Betrachtung kaum oberflächlich berührt und gleich verworfen werden, weil der eine oder andere Lehrsatz an ihnen auf den ersten Blick unbillig scheint, oder weil über den Begründer jener Sekte oder Religion hinter dem Rücken üble Gerüchte verbreitet worden sind. Denn man soll nicht sofort dasjenige für ein Dogma und für unzweifelhaft bewiesen halten, was der erste beste Vagabund von der Religion seiner Gegner behauptet. Es war ja doch mit ebensoviel Recht dem allgemeinen Gerüchte zufolge auch die christliche Religion dort, wo man nur den Namen musterte, dem einen ein Ägernis, dem andern ein Spott; indem die einen meinten, daß die Christen einen Eselskopf verehrten, die andern, daß sie ihre Götter essen, tränken usw.; so daß man urteilte: ein Christ zu sein, bedeute ein Todfeind Gottes und der Menschen zu sein. Da indessen solche Erzählungen teils auf verkehrter Auffassung, teils auf ganz außerordentlichen Lügen beruhten, und solche Lügen sich dadurch festsetzten — zum teil auch daraus entsprungen waren — daß die Gegner jener Religion mit den Christen selbst und unter ihnen mit den Verständigeren entweder schlechtweg gar nicht oder nicht auf die richtige Weise in Meinungsaustausch traten, so werden wirklich die Unwissenden dem ersten besten Feinde des Christentums oder Renegaten geglaubt haben. Was werden wir, da das hier dargelegte Wesen der Untersuchung solche Schwierigkeiten bietet, vollends von den Frauen, den Kindern und dem größten Teile der Volksmasse sagen? Der Besitz einer Religion mit der Garantie, daß sie die richtige ist, wird unmöglich sein für alle Kinder und die meisten Frauen, denen ja auch das, was man aus den Prinzipien einer Religion, so klar als es irgend möglich ist, folgert, dunkel bleibt. Und aus ihrer Lebensweise sieht man deutlich, daß sie, mit Ausnahme ganz weniger, zum Durchdringen solcher Mysterien nicht die entsprechenden, präzise wirkenden Geisteskräfte besitzen; um ganz zu schweigen von der weiten Menge der kleinen Leute und der Landbevölkerung; ihnen gilt der Erwerb der Nahrungsmittel als Hauptsache, das übrige nehmen sie je nachdem auf Treu und Glauben an oder verwerfen es.

So bleibt selbstverständlich auf der ganzen Erde nur eine kleine Zahl von Menschen übrig, die alle Religionen wägt, mit der eignen Religion gewissenhaft vergleicht und die Gründe für die Annahme von Wahrheit und Trug — worin man sich ja durch Kleinigkeiten täuschen lassen kann — genau unterscheidet. Jedoch der überwiegende Teil der Menschheit folgt dem Glauben anderer, in der Regel derer, die in religiösen Dingen gelehrt sind; weil deren Kenntnisse und Urteilsfähigkeit in Sachen der Religion für ausgemacht gelten.

§ 24. Das tun hauptsächlich diejenigen in jeder Religionsgemeinschaft, die des Lesens und Schreibens unkundig sind oder nichts haben, was sie lesen könnten. Wir mußten jedoch bemerken, daß es hierin nicht genügt, daß die Lehrer einer Religion mit gehörig scharfer Urteilskraft und — wie sie melden — auch mit Erfahrung reichlich ausgestattet sind, um das Wahre vom Falschen unterscheiden zu können. Nein! Sicherlich noch sicherer als das übrige und nicht weniger als ihre durchdringende Urteilskraft, muß uns bekannt sein, daß jene Lehrer obendrein außer der Fähigkeit auch den guten Willen haben, das Wahre vom Falschen zu unterscheiden. Denn natürlich müssen wir vor allem gewiß sein, daß derjenige, der eine solche Kenntnis und Absicht zu besitzen vorgibt, weder sich täusche noch andere täuschen wolle.

§ 25. Und welche Wahl sollen wir treffen unter so vielen weit voneinander abweichenden Lehrern, selbst innerhalb der einen bevorzugten Konfession? Denn wenn wir die Genossen und Kollegen berücksichtigen, die in manchen Lehrmeinungen verschiedener Ansicht sind — wenngleich im übrigen noch so befreundet — so muß doch von je zweien in der Ansicht voneinander abweichenden, der eine das infolge irgend eines Fehlers tun; sei es, daß er die Sache nicht richtig begreift — also wohl nicht die gehörige Urteilsfähigkeit besitzt — oder daß er nicht nachgeben will und so den guten

Willen, die Wahrheit zu bekennen, nicht hat. Und mag ihnen das auch nur in nebensächlichen Teilen der Lehre begegnen, so sind ihre Ansichten dann doch auch in bezug auf das übrige nicht frei von allem Verdacht. Die Wahrheit ist ja doch in allem nur eine, und wer in einem Stücke von ihr abweicht, sei es aus Mangel an Urteilskraft, sei es aus bösem Willen, der wird desselben Verhaltens auch in den übrigen Teilen, und zwar wohlverdientermaßen, verdächtig sein. Um daher also über die Fähigkeit oder Aufrichtigkeit irgend eines Lehrers der Religion urteilen zu können, wird man mithin vor allem ebenso fähig darin sein müssen, wie er; denn sonst kann er uns sehr leicht hinters Licht führen. Und überdies wird er, falls er uns nicht durchaus bekannt ist, der Beglaubigung durch das Zeugnis anderer bedürfen, und diese wieder anderer, was sich ins unendliche erstreckt, und dabei betrifft die Beglaubigung nicht nur die Richtigkeit der Tradition — daß er nämlich wirklich solches gelehrt habe — sondern auch die Aufrichtigkeit, daß er es ohne irgendwelche Absicht zu täuschen getan habe. Und dabei muß ganz ebenso auf die Zeugen Rücksicht genommen werden: ob sie aufrichtig sind und was sie wirklich gesagt haben. Welche Grenze wird man hier wohl setzen? Es genügt nicht, daß solche Dinge schon von anderen Leuten in Erörterungen erwogen worden sind; man muß vielmehr zusehen, wie gut es geschehen ist. Denn die gewöhnlichen Beweisführungen, die veröffentlicht werden, sind weder zuverlässig noch evident, und beweisen das, was zweifelhaft war, oft durch anderes noch mehr zweifelhaftes; so daß man, ebenso wie die, die in einem Kreise herumlaufen, immer wieder auf den Punkt zurückkommt, von dem aus man den Lauf begann.

§ 26. Um zu erkennen, ob jemand ein Lehrer der wahren Religion ist oder uns täuscht, bedürfen wir entweder unserer eignen Erfahrung — die in betreff der drei großen Begründer der jüdischen, christlichen und mohammedanischen Religion, insofern sie uns sehr fern stehen und lange vor uns gestorben sind, uns nicht zu Gebote steht — oder fremder Erfahrung, die wir, wenn jemand sie uns vermittelt, ein Zeugnis nennen. Zwischen beiden bleibt noch ein mittlerer Weg übrig; natürlich der, daß man jemanden aus seinen Schriften erkennt; was man wohl das Selbstzeugnis jemandes über sich selbst nennen darf. Etwas derartiges ist jedoch von Christus nicht hinterlassen worden; ob von Moses etwas übrig ist, wird bezweifelt; von Mohammed ist der Koran übrig. Die Zeugnisse anderer über die Religionsstifter stammen entweder von Freunden oder von Feinden. Und dazwischen gibt es nichts drittes nach jenem uns geläufigen Worte: Wer nicht mit mir ist, ist wider mich. — Was das Selbstzeugnis jemandes über sich anlangt, so beansprucht Mohammed in seinen Schriften für sich gleicherweise göttliche Autorität und schreibt sie sich zu, wie Moses und jeder andere Religionsstifter. Im übrigen haben die Freunde und Anhänger des Mohammed von ihm dasselbe geschrieben, wie die Anhänger der übrigen Glaubenslehren von ihren Stiftern, die Feinde der übrigen haben über sie ebenso schlechtes geschrieben, wie deren Freunde über ihn. Sonst auch ist das Zeugnis jemandes über sich selbst zu schwach, um unbezweifelbares Vertrauen zu ihm zu erwecken und überhaupt ohne Bedeutung; es sei denn, daß es gilt gelegentlich einen gedankenlosen Zuhörer zu verwirren. Die Behauptungen seiner Freunde sind aus demselben Teige geformt, wie das Selbstzeugnis; insofern die Freunde ja wie aus einem Munde dasselbe reden wie er. Auch die Feinde jemandes dürfen zu seiner Widerlegung wegen der konkurrierenden Interessen nicht mit Vertrauen angehört werden. In der Tat aber entnimmt nichtsdestoweniger jeder beliebige unter den drei Arten von Religionsbekennern die ganze Begründung dafür, daß seine Gegner betrügen und die Gewißheit, daß er die Wahrheit besitze aus derartig leichtsinnigen Beweggründen, daß sie schließlich nur in der eignen Prahlerei, in der Zustimmung seiner Freunde und etwa noch in der mißgünstigen Herabsetzung von seiten der Feinde ihre Bestätigung finden. Desungeachtet wird jedoch Mohammed von unsern Landsleuten für einen abgefeimten Betrüger ausgegeben: woher aber? Nicht auf Grund seines eignen Zeugnisses oder dessen seiner Freunde, sondern nach dem Zeugnis seiner Feinde; folglich nach dem Gegenteil des Zeugnisses desjenigen Propheten, der bei den Mohammedanern der Heiligste ist. Und woher wiederum ist er das? Nach der Beglaubigung durch sich selbst und besonders seiner Freunde. Die, welche Moses entweder für einen Betrüger oder für einen heiligen

Religionslehrer halten, verfahren auf dieselbe Weise. Und völlig von derselben Art ist der Grund für die Beschuldigung, betrogen zu haben, wie für die Zurückweisung dieser Beschuldigung in betreff Mohammeds und in betreff der übrigen; wenn auch nichtsdestoweniger diese für Heilige, jener in Hinsicht der pflichtschuldigen Rechtschaffenheit für einen Schwindler gehalten wird. Folglich schließt man nach den Regeln der Scholastik mit Zuversichtlichkeit so:

§ 27. Auf welche Leute auch immer — was die Ablehnung oder Beschuldigung des Betruges betrifft — dieselben Gründe passen, wie auf Mohammed, deren Verhältnis zur Rechtschaffenheit selbst ist ebenfalls zur selben Kategorie zu rechnen, wie das Verhältnis des Mohammed. Nun aber passen z. B. auf Moses dieselben Gründe; folglich soll gleicherweise auch für Mohammed Gerechtigkeit gefordert und er nicht für einen Betrüger gehalten werden.

Der Untersatz wird bewiesen:

a) Was die Zurückweisung der Beschuldigung, betrogen zu haben betrifft: Das geschieht durch die obenerwähnten Zeugnisse Mohammeds, der selbst von sich gutes schreibt, und jedes seiner Freunde, sobald er vom Begründer seines Glaubens redet; nun aber muß hieraus von rechtswegen folgen:

I. So viel Beweiskraft die Freunde des Moses haben, um ihn bei der Anklage wegen Betruges zu entschuldigen, ebensoviel müssen auch die Freunde des Mohammed haben? Nun aber haben sie durch ihre günstigen Zeugnisse entlastende Beweiskraft usw. usw. Folglich usw.

II. Und so viel Beweiskraft zu diesem Zwecke die Bücher des Moses haben, so viel wird auch der Koran haben. Nun aber usw. ... Folglich usw.

§ 28. Dazu kommt, daß die Muselmanen sogar den Büchern des Neuen Testaments (obgleich sie sonst, nach ihrer Angabe, vielfach entstellt seien) noch verschiedene Argumente zugunsten ihres Mohammed entlehnen und insbesondere jene Weissagung Christi von dem zukünftigen Tröster, dem Parakleten. Dieser, behaupten sie, sei nun gekommen, habe die Entstellungen, die die Christen begangen, aufgedeckt und einen neuen Bund geschlossen. Und mag man auch von anderer Seite den Koran vieler abgeschmackter, fabelhafter, ja sogar unfrommer Berichte beschuldigen, so könne das alles doch in geistlichem Sinne und auf andere Weise gedeutet und gemildert werden; während seine Berichte im übrigen nur tiefe Frömmigkeit und genaue Sittenregeln einprägen, insbesondere aber vorschreiben, nüchtern zu sein und sich des Weines zu enthalten. Und was den darauf gewöhnlich gehörten Einwand betrifft: der Wein sei eine Gottesgabe; so läßt sich wohl der Antwort beistimmen: er sei, im Gegenteil, Gift und solle nicht getrunken werden. Wenn man außerdem hinzuzufügen pflegt: der Koran atme zu große Fleischlichkeit und fülle das ewige Leben mit fleischlichen, körperlichen Genüssen aus, zumal er so unterschiedslos die Polygamie gestatte; so sei das nichts so arges, daß es dem Koran zu Unehren gereiche, da auch Moses die Polygamie gestattet habe und nach dem Neuen Testament im ewigen Leben Gastmähler vorkommen, z. B.: „Ihr werdet zu Tische sitzen mit Abraham, Isaak usw." Dann wieder: „Ich werde nicht früher Wein trinken, als erst in dem Reiche meines Vaters". Zum Hohenlied Salomonis brauche man nichts hinzuzufügen. Denn, wenn dort alle die schönen Dinge — selbstverständlich in geistlichem Sinne erklärt — nichts Schlimmes enthalten sollen, dann dürfe doch auch dasselbe vom Koran gelten. Und wenn wir gegen die Worte des Koran gar so streng sind, so seien wir verpflichtet, dieselbe Strenge auch auf die Schriften des Moses und anderer anzuwenden. Die Gründe jedoch, die, um die Beschuldigung des Betruges abzuweisen, aus dem Moses selbst entnommen werden, scheinen nicht stichhaltig und von der gehörigen Beweiskraft zu sein.

I. Der Bericht vom persönlichen Verkehr des Moses mit Gott beruht auf seinem eigenen Zeugnis oder dem seiner Freunde und kann demzufolge nicht für mehr gelten als ähnliche Argumente der Muselmanen über das Gespräch Mohammeds mit Gabriel. Und was mehr sagen will, aus den Schriften des Moses selbst ergibt sich (falls alles von Moses ist, was man ihm gewöhnlich zuschreibt) der Verdacht, daß sein vorgeblicher Verkehr mit Gott auf Täuschung beruhe; wovon weiter unten zu reden sein wird.

§ 29. II. Was die Heiligkeit durch sittenreinen Lebenswandel betrifft, so werde niemand so leicht sagen können, die des Moses sei schwer zu erreichen; wenigstens wird niemand es mit Recht sagen können, dem die großen und schweren Vergehen des Moses bekannt sind. Solche sind aber:

α) Straßenraub, den bloß seine Freunde entschuldigt haben; diese seien jedoch keine gerechten Beurteiler der Tatsachen; und weggeschafft werde solches auch nicht durch eine günstige Stelle bei Lucas in der Apostelgeschichte; denn die Aufrichtigkeit und Wahrheitsliebe dieses Zeugen sei auch noch keine ausgemachte Sache.

β) Aufwiegelung zum Aufruhr. Denn daß er von Gott erregt worden, sei nicht bewiesen; ja sogar könne das Gegenteil einleuchtend sein, da anderwärts angeführt werde, Gott verbiete die Widersetzlichkeit gegen die Landesfürsten.

γ) Kriege, oder wie auch immer sonst die Schlächtereien, der gewalttätige Raub usw., Verletzungen der von demselben Moses erlassenen Gebote, des fünften und siebenten, benannt werden mögen. Auf dieselbe Weise wie in Indien[10]) der Priester oder Mohammed in seinen Ländern, den Namen und Aussprüche Gottes mißbrauchend, die bisherigen Besitzer aus ihren Landesgebieten vertrieben, hat auch Moses die meisten getötet und hinmorden lassen, um sich und den Seinen sichere Wohnsitze zu verschaffen.

δ) Die Lehre, man solle fremde Sachen unterschlagen, indem man vorgibt, sie nur zu entleihen.[11])

ε) Das sich Anheischigmachen Gott gegenüber, daß er, Moses, an Stelle seines Volkes den ewigen Tod erleiden wolle; insofern nämlich dieser Wunsch von Gott etwas verlangt, was sein Wesen — die Gerechtigkeit — negiert und vernichtet hätte. Siehe 2. Moses 32, 31 ff.

ζ) Vernachlässigung des göttlichen Beschneidungsgebotes. Siehe 2. Moses 4, 24 ff.[12]), endlich

η) das Hauptlaster des Moses: sein grober und hartnäckiger Unglaube; da er, wie man liest, so große Wunder durch Gottes helfende Macht vollbracht und dennoch von Gott selbst wegen seines wankelmütigen Glaubens mit Strafandrohung hart beschuldigt wird. 4. Moses 22, 12.

b) Was den Beweis des andern Punktes betrifft, nämlich die Anklage wegen Betruges, so läßt sich sagen: Das Mohammed ein Betrüger ist, wissen wir nicht aus eigener Erfahrung — wie oben betont wurde — sondern aus dem Zeugnisse, und zwar: nicht seiner Freunde, sondern seiner Feinde. Dahin gehören aber alle Nicht-Mohammedaner nach dem Satze: „Wer nicht mit mir ist usw."

Nun aber folgt hieraus:

Die Beweiskraft, die das Zeugnis in der Sache des einen hat, muß es auch in der Sache des andern haben. Sonst sind wir ungerecht, indem wir den einen auf das Zeugnis seiner Feinde hin verurteilen, den andern nicht; womit alle Gerechtigkeit zusammenbricht.

Nun aber gilt das Zeugnis der Feinde in Sachen des Mohammed so viel, daß Mohammed für einen Betrüger gehalten wird; folglich usw.

§ 30. Ich sage überdies, daß man den Verdacht der Täuschung gegen Moses nicht nur aus fremden, sondern auch aus einheimischen Zeugnissen schöpfen kann; so daß er dessen so gut auf Grund seines eigenen, wie des fremden Zeugnisses — jedoch des Zeugnisses seiner eigenen Nachfolger — beschuldigt werden könnte; obgleich dabei übrigens noch nicht ausgemacht ist: 1. Ob die sogenannten Bücher Mosis auch von ihm sind; 2. oder von Kompilatoren herrühren; 3. speziell etwas von Esra, und 4. ob sie in der Sprache der Samariter, oder 5. in der echten hebräischen Sprache geschrieben sind; und falls es so ist, ob 6. wir jene Sprache gut verstehen können. Das alles kann vielfach bestritten und insbesondere kann aus den Anfangskapiteln des ersten Buches Mosis gezeigt werden, daß wir jene Sprache nicht mehr richtig zu deuten imstande sind. Doch gestehe ich, daß ich nicht hiermit mich zu beschäftigen, sondern, mich an die Persönlichkeit haltend, κατ' ἄνθρωπον zu argumentieren beabsichtige.

§ 31. I. Auf Grund des Selbstzeugnisses des Moses, und zwar

a) in betreff seines Lebens und seiner Sitten, die wir oben beurteilt haben. Wenn hierin Moses wegen der im Kriege vorzugsweise gegen Unschuldige angewandten Gewalttätigkeit einigermaßen dem Mohammed die Wage hält, so scheint er auch sonst nicht sehr von ihm abzuweichen;

b) in betreff der Autorität seiner Lehre. Hierher gehört das, was oben über den Umgang des Moses mit Gott betont wurde: daß er sich dessen zwar rühmt, jedoch, wie es scheint, allzu freigebig. Denn wer immer einen solchen Umgang mit Gott rühmend zur Schau trägt, wie er gar nicht sein kann, dessen Charakter erregt mit Recht Mißtrauen. Nun aber hat Moses usw., folglich usw. Das wird dadurch bewiesen, daß er sich rühmt, dasjenige gesehen zu haben, wovon es im Alten und Neuen Testament nachher oft heißt: kein Auge habe es gesehen; nämlich, wie man zu sagen beliebt: er habe Gott von Angesicht zu Angesicht gesehen. 2. Moses 32, 11; 4. Moses 12, 8. Er sah also Gott 1. in seiner eigenen Gestalt, nicht unter einem Bilde oder im Traum, 2. von Angesicht zu Angesicht, wie ein Freund den andern, wann eine Person der andern das Gesicht zukehrt und redet. Jedoch, welche Erscheinung auch immer 1. so beschaffen ist, wie die der Freunde, die von Angesicht zu Angesicht, von Mund zu Mund miteinander reden; 2. so beschaffen sein soll, wie die Erscheinung der Seligen in jenem Leben, die wird speziell genannt und ist gerade die Erscheinungsart Gottes.[13]) Nun aber hat Moses usw.; folglich usw. Der Untersatz wird aus den oben angeführten Stellen und dem Ausspruch des Apostels bewiesen: wahrlich dann werdet ihr von Angesicht zu Angesicht usw., und ebenso ist die Gegenüberstellung der Stellen bei Moses und der Stelle beim

Apostel. Und dabei ist es dennoch für die Christen ganz sicher ausgemacht, daß in diesem Leben niemand jemals Gott sehen könne. — Obendrein wird 2. Moses 33, 20 ausdrücklich hinzugefügt: Mein Angesicht wirst du nicht schauen können. Diese Worte hält Gott dem Moses vor, auf dessen Bitte, sich ihm zu zeigen, und sie widersprechen ausdrücklich den früher zitierten Stellen; was sich anders gar nicht entschuldigen läßt, als wenn man sagt, diese Worte seien von einem unüberlegten Kompilator hinzugefügt worden, und damit wird zugleich alles übrige am Texte zweifelhaft gemacht.

§ 32. c) Über die eigentliche Lehre des Moses; was das betrifft, daß sie den Charakter vom Gesetz oder Evangelium an sich trägt. Unter den Gesetzen, die um der Kürze willen nicht alle durchgenommen werden sollen, ragen die zehn Gebote hervor, die das spezielle Werk Gottes und der Bundesvertrag vom Berge Horeb genannt werden. Sie scheinen indessen eher von Moses ausgedacht als von Gott niedergeschrieben worden zu sein, da diese Gebote ihrem Wesen nach nicht die Vollkommenheit göttlicher Gebote atmen. Denn zum Teil sind sie 1. überflüssig; das gilt natürlich von jenen drei letzten, die, kraft der Worte Christi, Matthäi, Kap. 5, schon in den früheren mit enthalten sind; das neunte Gebot läßt sich auch vom zehnten nicht trennen; dasselbe gilt vom zehnten. 2. Zum Teil sind sie unvollständig. Denn wo bleibt: du sollst dich nicht gelüsten lassen andere Götter zu haben, du sollst dich nicht gelüsten lassen den Namen Gottes zu mißbrauchen, du sollst dich nicht gelüsten lassen den Feiertag zu entheiligen, du sollst dich nicht gelüsten lassen deine Eltern zu verletzen und ähnliches? Darf man etwa annehmen, Gott wolle ganz speziell und in so eigentümlicher und außerordentlicher Abfolge, das geringere Gelüsten nach Verletzung des Hauses, Ackers und der Güter unserer Nächsten verbieten, das wichtigere Gelüsten aber nicht?

Was das evangelische Element an der Lehre des Moses anlangt, so gibt selbige ein recht unsicheres und gebrechliches Merkmal an, um den großen Propheten und Messias, der kommen soll, zu erkennen, nämlich 5. Moses 18, 21, 22; insofern dieses Merkmal den Glauben an eine Prophezeihung auf lange Zeit hinaus in der Schwebe erhält. Aus dem Sinn dieses Spruches folgt, daß man Christus, nachdem er den Untergang Jerusalems geweissagt hatte, so lange sich das nicht erfüllt hatte, auch nicht für einen wahren Propheten halten durfte (noch auch Daniel, bevor seine Weissagungen erfüllt sind); und daß demgemäß diejenigen Juden, die in dem Zwischenraum von Christi Zeiten bis zum Untergang Jerusalems gelebt haben, nicht beschuldigt werden dürfen, nicht an ihn geglaubt zu haben; obgleich doch auch Paulus denjenigen Verwünschungen zuruft, die nicht vor dem Untergange zu Christi Anhängern geworden sind.

Ein Kennzeichen also, das auf lange Zeit hinaus dem freien Belieben überließ, an den Messias zu glauben oder nicht zu glauben, konnte nicht von Gott ausgehen, sondern muß mit Recht für verdächtig gelten. Nun aber läßt das erwähnte Merkmal usw., folglich usw.

Dem steht nicht entgegen, was man von der Erfüllung anderer Weissagungen des Moses erzählt. Denn hierin besteht eben das ganz spezielle und die Echtheit bekundende Merkmal jenes großen Propheten, daß das, was er voraussagt, sich erfüllt; woher er dem Wesen der Sache nach nicht früher für einen solchen gehalten werden konnte.

§ 33. Die andere Ungereimtheit, die sich aus dieser Stelle zu ergeben scheint, ist folgende: daß nämlich dieses Merkmal, das doch das göttliche Zeichen sein müßte, um alle Propheten zu erkennen, sich bei einigen Propheten schlechterdings auf keine Art und Weise anwenden läßt; nämlich wegen der Unbestimmtheit und wegen solcher Worte, die eine gewisse moralische Weite des Begriffes gestatten (als da sind: bald, schnell, demnächst usw.). So z. B. haben viele den Tag des Weltunterganges vorausgesagt und Petrus sagt, jener Tag stehe bevor. Also wird er, solange bis dieser Tag gekommen ist, nicht für einen wahren Propheten gehalten werden können. Denn so verlangt es Moses an der angeführten Stelle ausdrücklich.

§ 34. d) Der geschichtliche Bericht des Moses. Wenn man schon gegen den Koran die Beschuldigung erhebt, er enthalte viele Fabeln, so bietet doch auch das erste Buch Mosis dem forschenden Leser recht viel Anlaß zu Mißtrauen: wie z. B. die Erschaffung des Menschen aus einem Erdenkloß; das Einblasen des Hauches; dann, wie Eva aus der Rippe des Mannes gemacht wird; Schlangen, die sprechen und die klügsten Leute verführen; und wem war es nicht bisher entgangen, daß in der Schlange der Vater der Lüge wohnt? Das Essen eines Apfels, das der ganzen Menschheit zum todeswürdigen Verbrechen angerechnet wird, und durch das eine von Gottes Eigenschaften (die indessen mit seinem Wesen selbst gleichgesetzt werden), nämlich die milde Nachsicht, zu etwas zeitlich begrenztem gemacht wird; ganz ebenso, wie die Wiedereinsetzung des gefallenen Menschen in den früheren Stand, den Zorn Gottes — und in dieser Hinsicht Gott selbst — zu etwas Endlichem macht; denn der Zorn Gottes ist Gott selbst. Menschen, die 800 und 900 Jahre alt sind; die Reise der Tiere in Noahs Arche; der Turm zu Babel, die Zerstreuung der Sprachen usw. Dies und tausend anderes wird der Freigeist, der es sich überlegt, nicht umhin können, den Fabeln für ähnlich zu halten; besonders den Fabeln der Rabbiner, wie ja das jüdische Volk für Fabeln vorzugsweise einen Hang hat. Nicht so ganz davon Verschiedenes, wird er finden, redet ein Ovid, der Veda, die Brahminen der Chinesen und Inder, die davon fabulieren, wie ein schönes Mädchen, das aus einem Ei geboren worden, die Welt hervorgebracht habe, und dergleichen. Insbesondere scheint Moses darin fehl zu gehen, daß er Gott so hinstellt, als ob er sich selbst widerspräche. Nämlich: alles war gut; und dann war es doch wiederum nicht gut, daß Adam allein war; woraus folgt[14]), daß außerhalb des Adam etwas war, was nicht gut war und sogar der guten Beschaffenheit Adams Schaden konnte, obgleich doch das Alleinsein des Adam (seine Einsamkeit) selbst Gottes

Werk war, der ja nicht bloß die Wesenheiten, sondern auch ihre Eigenschaften gut geschaffen hatte. Denn gut war alles, insofern es mit der Eigenschaft behaftet war, mit der Gott es geschaffen hatte. Ich argumentiere: Jedes von Gott geschaffene Werk kann nicht anders als gut sein. Nun aber war das Alleinsein Adams usw. Folglich usw.

§ 35. Wer das Studium der Geschlechtsregister des Alten Testaments betreibt, wird in den Büchern Mosis viele Schwierigkeiten finden. Um hier nicht alles zu erörtern, genügt uns der Hinweis auf das eine Beispiel, daß nämlich Paulus (1. Tim. 1, 4) lehrt, die Geschlechtsregister seien unnütz, sich mit ihnen zu befassen, sei etwas unfruchtbares; ja man solle sich davor hüten. Welchem Zwecke dienen also so viele, gesondert vorgetragene, selbst vielfach wiederholte Geschlechtsregister bei Moses? Und ein besonderes Beispiel ihrer Verdacht erregenden Beschaffenheit, zum mindesten der Entstellung und Unachtsamkeit der Kompilatoren, tritt uns entgegen an den Frauen Esaus und ihrer verschiedenen Aufzählung.

Die Frauen Esaus:

1. Mosis 26, 34: Judith, die Tochter des Hethiters Beeri; Basmath, die Tochter des Hethiters Elon.

1. Mosis 28, 9: Mahalath, die Tochter Ismaels, die Schwester Nebajoths, die noch zu jenen zwei früheren hinzugefügt wird.

1. Mosis 36, 2: Ada, die Tochter des Hethiters Elon, Oholibama c. 1; Basmath, die Tochter Ismaels, die Schwester Nebajoths.

Die also, die 1. Mosis 36 Ada genannt wird, wird 1. Mosis 26 Basmath genannt, nämlich die Tochter des Hethiters Elon, und die, welche 1. Mosis 36 Basmath heißt, heißt 1. Mosis 26 Mahalath, nämlich die Schwester Nebajoths; obgleich es doch an der angeführten Stelle, 1. Mosis 28, von Mahalath heißt, Esau habe sie später geheiratet als Judith und Basmath, die in dem vorausgehenden Kapitel, 1. Mosis 26, genannt waren. Ich sehe nicht, wie sich das miteinander verträgt. So vermehrt dieses und ähnliches den Verdacht, daß das, was wir an Werken des Moses besitzen, von Kompilatoren zusammengestellt worden ist und daß sich einst beim Schreiben Fehler eingeschlichen haben.

Das letzte schließlich, was man dem Moses vorwerfen kann, sind jene übermäßigen Tautologien und unnützen, immer gleichmäßig variierten Wiederholungen, als ob aus verschiedenen Schriftstellern verschiedene Stellen zusammengetragen wären.

§ 36. II. Können die Muselmanen anführen, daß gegen Moses auch durch das Zeugnis anderer Mißtrauen erweckt wird, und zwar nicht durch das Zeugnis seiner Feinde, sondern derer, die offen bekannt haben, seine Nachfolger und Anhänger zu sein. Das aber ist das Zeugnis:

α) Des Petrus — Apostelgesch. 15, 10 — der die Gesetze des Moses ein unerträgliches Joch nennt; demzufolge muß entweder Gott ein Tyrann sein; was ferne sei! oder Petrus spricht die Unwahrheit: oder die Gesetze des Moses stammen nicht von Gott.

λ) Des Paulus¹⁵), der immer geringschätzig von den Gesetzen des Moses redet; was er nicht täte, falls er sie für göttliche Gesetze hielte. So nennt er sie — Galater, Kap. 4:

- a) eine Knechtung — Vers 3, 4 — wer aber dürfte die Satzungen Gottes so nennen?
- b) armselige Satzungen, Vers 9.
- c) Vers 30 schreibt er: Wirf die Magd hinaus mit ihrem Sohne. Die Magd Hagar ist in diesem Gleichnisse das Vermächtnis vom Berge Sinai, das (nach Vers 24) das Gesetz des Moses bedeutet. Wer möchte jedoch dulden, daß man so spricht: Verstoße die Satzung Gottes zugleich mit ihren Kindern und Anhängern.¹⁶) Nichtsdestoweniger hat derselbe Paulus, der das hier gesagte auch im folgenden Kapitel (Galater 5, 2—3) bestätigt, an Timotheus die Beschneidung vollzogen. Apostelgesch. 16, 2.
- d) Paulus nennt das Gesetz Mosis einen toten Buchstaben; und welche anderen Bezeichnungen dafür gibt es nicht sonst noch bei ihm? 2. Korinther 3, 6—10 ff. Ferner, daß es nicht die schätzenswerte Klarheit bestitze, Kap. 5, 10. Wer möchte das von Gottes heiligen Satzungen sagen? Sind die Gesetze des Moses ebenso von Gott, wie das Evangelium, so müssen sie auch die gleiche Klarheit besitzen usw.

Hierzu kommen noch die Zeugnisse derer, die außerhalb der jüdischen und christlichen Kirche stehen.

Nachwort.

Nichts hat dies berühmte, uns aus dem Mittelalter überlieferte Buch nötiger als eine Zurechtstellung seines Titels. Denn wenn man, wie bisher, es überschreibt „De tribus impostoribus", d. h. „Die drei Betrüger", und hinzufügt, es seien damit die Stifter des Judentums, Christentums und Islams gemeint, das Werk sei jedoch ein Fragment, und nur in bezug auf den ersten der drei, auf Moses, sei der Nachweis, daß er ein Betrüger ist, zu führen versucht worden — so sind das alles aus der Luft gegriffene, zum mindesten unrichtige Behauptungen. Ja, wohl noch schlimmer: es sind wahrscheinlich Ausgeburten theologischer Sophistik, durch die aus einzelnen Sätzen des Werkes gekünstelte Folgerungen gezogen und das ganze jedem gläubigen Juden, Christen oder Moslim verhaßt gemacht werden sollte, noch bevor es gelesen worden war. Denn was kann einen Jünger Mosis, Christi oder Mohammeds mehr erbittern und gegen eine Schrift einnehmen, als wenn er annimmt, sie sei extra dazu abgefaßt, um die verehrte Person des Stifters seiner Religion zu beschimpfen? Da nun der Verfasser und seine sonstigen Absichten unbekannt geblieben sind, und niemand weiß, wie er sein Werk überschrieben hat, so darf man sich an nichts anderes halten, als an den Text des Traktates selbst. Tut man das, so sieht der unparteiische Forscher sich vergebens darnach um, was wohl eine so pikante Überschrift des Opus: „Die drei Betrüger", rechtfertigen dürfte? Der ganze Inhalt besteht aus einer, von einem ungewöhnlich kühnen Denker des Mittelalters unternommenen religions-philosophischen Untersuchung über das Wesen und die Berechtigung der Glaubensformen und besonders der Kultusformen. Erst in der zweiten Hälfte des Werkchens ist von den Stiftern der damaligen drei Hauptreligionen die Rede; und es wird ausgeführt, daß zwar die Anhänger jedes Glaubensbekenntnisses von den einzig wahrhaften Religionslehrern geleitet zu werden behaupten und daß im besondern die Juden und Christen den Stifter des Islams mit grosser Bestimmtheit als Betrüger bezeichnen; daß jedoch bei solchen Behauptungen, zumal wo sie zu Anklagen werden, ein gewissenhafteres und mehr kritisches Verfahren eingehalten werden sollte. Dann käme zutage, daß mit genau denselben Argumenten, mit denen man den Islam angreife, auch das angebliche Werk des Moses als widerspruchsvoll, unglaubwürdig und seine Person als mit vielen Mängeln behaftet hingestellt werden könnte. Das wird durch Zitate aus dem Alten und Neuen Testament bekräftigt. Weder verspricht der Verfasser, noch deutet er an, noch läßt der Plan des ganzen Werkes erwarten, daß auch über die Personen der beiden jüngeren Religionsstifter etwas ähnliches vorgebracht werden sollte; es ist also durch nichts gerechtfertigt, daß man das Buch für ein Fragment ausgibt; höchstens einige den Schluß bildende Worte mögen weggefallen sein. Hieraus läßt sich entnehmen, welche Glaubenspartei allein ein Interesse daran hatte, diesen der Wahrheit widersprechenden Titel für das Werkchen zu ersinnen und solche unrichtige Ansichten über den Inhalt einer nur wenigen zugänglichen Schrift zu verbreiten. Außerdem zeigt der Inhalt des Textes den Verfasser auch durchaus nicht als einen Mann, der die Religionsstifter für Betrüger hält, am wenigsten aber als einen solchen, der diesen Satz zum Hauptthema seiner Schrift macht. Der Verfasser stellt sich nur nach scholastisch-aristotelischer Methode ganz auf den Standpunkt seiner augenblicklichen Gegner: der Bekenner positiver Glaubenslehren. Er setzt probeweise voraus, daß das, was sie vorbringen, wahr sei, und zieht daraus Folgerungen, sie mit ihren eigenen Waffen bekämpfend. Die Beschuldigung des Betruges und der häßliche Ausdruck „Betrüger" stammen also aus dem Arsenal seiner Gegner, daher greift er sie auf und verwendet sie. Allein, daß er selbst einen höheren Standpunkt einnimmt und objektiver urteilt, erkennt man aus folgenden Stellen:

§ 6. Was an den heidnischen Mythen der Gottheit unwürdig sei, müsse symbolisch aufgefaßt werden. — Überhaupt rührten die Entstellungen an allen Religionsformen nicht von den Religionsstiftern, sondern von ihren späteren Nachfolgern und Anhängern her.

Man ermesse, welch tiefen Blick der Verfasser hiermit in das wahre Wesen der Religion getan hat! In ihm dämmert bereits die Erkenntnis, daß der Stifter einer neuen Religion eine anima candida et ingenua ist, und dann erst nachher bei den Nachbetern die Degeneration des neuen Glaubens beginnt. Dementgegen haben die berufenen Vertreter der positiven Glaubensbekenntnisse noch bis in die neue Zeit hinein nicht sowohl die Angehörigen fremder Konfessionen als Satansknechte hingestellt, als den jeweiligen Stifter der andern Religion für einen Erzschelm ausgegeben. Was hierin das Judentum in bezug auf den Stifter des Christentums leistet, ist bekannt, soll aber an diesem Orte verschwiegen werden. Was insbesondere den Stifter des Islams betrifft, so war die Ansicht: sein Leben bestehe fast aus nichts als Betrug und Verbrechen, noch bis vor kurzem verbreitet, und kein geringerer als der große Aufklärer Voltaire hat durch sein Drama „Mahomet" diese Ansicht bekräftigt. Freilich haben nicht alle gemerkt, wohin Voltaire damit zielte. Man verstopft sich so gern die Ohren vor dem „mutato nomine de te fabula narratur"; man tröstet sich so gern damit, daß uns die fremden Religionen nichts angehen; statt daß man einsehen sollte, wie in einer Religion alle Religion geschmäht wird. Wie hoch steht also als Religionsphilosoph der Verfasser von „De tribus impostoribus" über dem großen Voltaire, ja auch sogar noch über David Hume!

§ 23. Man solle sich hüten, das, was der erste beste Vagabund über die Religion seiner Gegner behauptet, für ein gültiges Zeugnis zu halten.

§ 26. Es wird wiederum gewarnt, leichtsinnigerweise über fremde Religionsformen abzuurteilen, und ferner, § 27, den Mohammed für einen Betrüger zu halten.

Kann etwa derjenige, der die Absicht hat, die drei Religionsstifter als Betrüger hinzustellen, so reden!

Indessen auch in betreff des Moses wird gesagt, man dürfe über seine Person eigentlich nur nach seinen Schriften urteilen und es sei (§ 26) ungewiß, ob Moses selbst etwas an Werken hinterlassen habe. Diesen Zweifel, ob Moses selbst den ihm zugeschriebenen Pentateuch verfaßt habe, begründet der Verfasser im § 30, und er kommt zum Schluß der §§ 31 und 35 zu der hochwichtigen Einsicht (die erst am Ende des 18. Jahrhunderts von einem französischen Arzte zum erstenmal bestimmt formuliert worden ist), daß an dem Text der Genesis verschiedene Kompilatoren gearbeitet haben müssen. Mit Recht folgert er: dadurch werde die Echtheit der gesamten Genesis suspekt.

Erwägungen wie die obigen nötigen uns zu der Behauptung, daß der tendenziöse Titel dieses Werkes von späterer, fremder Hand und nicht vom Verfasser herrührt.

Was die zweite wichtige Frage, die nach dem Alter oder der Entstehungszeit dieses Buches betrifft, so entscheidet darüber die Tatsache, daß die welfische

Partei, mit dem Papste an der Spitze, dem Kaiser Friedrich II. von Hohenstaufen, in seinen Unternehmungen zu schaden versuchte, indem sie ihn und seinen Kanzler Petrus de Vineis für die Verfasser dieser Schrift ausgab. Selbstverständlich war das eine dreiste Erfindung: weder besaß der Kaiser die zu solchem Werke nötigen gelehrten Kenntnisse, noch teilte Petrus de Vineis die darin niedergelegten Anschauungen.

Es läßt sich jedoch hieraus entnehmen, daß damals, also im ersten Drittel des 13. Jahrhunderts, das Buch „De tribus impostoribus" bereits existierte und viel böses Blut machte. Wegen einer geringfügigen Leistung hätte sich auch der römische Klerus und das Judentum nicht so aufgeregt. An dieser Zeit für die Abfassung wird man wohl bis auf weiteres festhalten müssen, da das Buch selbst weder durch die sprachliche Form, noch durch den Inhalt dieser Annahme widerspricht. Das Latein ist sehr geläufig aber reich an mittelalterlichen, unklassischen Ausdrücken und Redewendungen. Die Stelle im § 19, wo erzählt wird, wie zuletzt die Vertreter des Islam die asiatischen Staaten erobert haben, läßt auch, wenigstens ex silentio, schließen, das damals, als man das schrieb, noch nicht Byzanz und die Balkanhalbinsel in den Händen der Türken gewesen sein können. Dies Volk wird überhaupt nicht erwähnt. — Ebenso bietet die Sprache in dem, worin sie vom alten, guten Latein abweicht, keine solchen Ausdrücke oder Zusammensetzungen, die nicht schon bei französischen und italienischen Schriftstellern des 13. Jahrhunderts vorkommen; wie man sich an den Dokumenten in Ignaz v. Doellingers „Beiträgen zur Sektengeschichte des Mittelalters" (2 Bände), 1890, leicht überzeugen kann. Diese den Archiven von Paris, Wien, Rom und München entnommenen, vielfach von Theologen des 11., 12. und 13. Jahrhunderts abgefaßten Schriften bieten uns manche Beispiele genau desselben mediävalen Lateins, wie das Buch „De tribus impostoribus".

Ebensowenig wie man einen positiven Anhaltspunkt besitzt, um die Entstehung unseres Traktats in eine spätere Zeit als das 13. Jahrhundert zu verlegen, darf man die Zeit des ersten Druckes später ansetzen als 1598. Denn diese Jahreszahl trägt das gedruckte Exemplar der Dresdener königlichen Bibliothek (Titel und 46 Seiten 4^0), und Thomas Campanella bezieht sich zu wiederholten Malen auf eine in Deutschland gedruckte Ausgabe dieses Werkes. Es mag vielleicht schon früher gedruckt worden sein und auch übersetzt worden sein soll es in verschiedene Sprachen. Ich habe aber keine einzige Übersetzung ermitteln können, was wahrscheinlich darin seinen Grund hat, daß das ketzerische Schriftchen immer wieder sehr schnell konfisziert, verbrannt und mit allen der Geistlichkeit zu Gebote stehenden Mitteln vernichtet worden ist. Solches ist beim jetzigen Stande der Religionswissenschaft wohl nicht weiter zu befürchten, da unser opusculum zu keinem andern Fazit gelangt, als daß Vernunftschlüsse und Tatsachen der empirischen Wirklichkeit nie die Richtigkeit irgend einer positiv gefaßten einzelnen Glaubenslehre darzutun vermögen.

Meine Übersetzung ist nach einer im Jahre 1876 von Emil Weller veranstalteten Ausgabe des Textes angefertigt. Der Einleitung Wellers entnehmen wir noch folgende Angaben.

Man darf unsere Schrift nicht mit anderen verwechseln. Mehrere Schriftsteller haben de tribus impostoribus geschrieben, indem sie besondere Zwecke dabei im Auge hatten. So Joh. Bapt. Morinus, wenn er unter dem Namen Vincentius Panurgus zu Paris 1654 eine Streitschrift edierte gegen Gassendi, Neure und Bernier; Joh. Evelyn mit einer Hitorica de tribus hujus seculi famosis impostoribus, Padre Ottomano, Mahomed Bei, sive Joh. Mich. Cigala et Sabbatai Sevi (1680 englisch, 1669 deutsch); Christian Kortholt De tribus impostoribus magnis (Kiel 1680 und Hamburg 1701) gegen Herbert, Hobbes und Spinoza; Hadrian Beverland Perini del Vago Equitis de Malta Epistolium ad Batavum in Britannia hospitem de tribus impostoribus Τυπογράφοις, συκοφάνταις, φαρμακευταις (lateinisch und englisch London 1709); endlich Michael Alberti unter dem Namen Andronicus mit einem Tractatus medico-historicus de tribus impostoribus oder Freymüthige Gedanken von denen drei berüchtigten Verführern des Volcks; 1. dem Thee und Coffée, 2. commode tage, 3. der Haus-Apotheken. Cosmopoli bei Peter Martin Roman (Rußworn in Rostock) 1731, neu herausgegeben ebd. 1738 und 1756.

Die Gelehrten haben lange Zeit mit dem lateinischen echten Traktat einen späteren verwechselt. De la Monnoye fabrizierte eine lange Dissertation, worin er die Existenz des ersteren bestritt, fand jedoch durch P. F. Arpe seine Widerlegung. Das unechte Buch ist französisch: La vie et l'esprit de Mr. Benoît Spinosa, dessen ersten Teil ein Hofrat Vroes im Haag, dessen zweiten Teil ein Arzt Lucas verfaßte. Es erschien zuerst 1719 im Haag, dann 1721 unter dem Titel: De tribus impostoribus, des trois imposteurs. Francfort sur le Mein, aux dépens du traducteur (i. e. Rotterdam). Richer la Selve veranstaltete eine dritte Ausgabe unter dem ursprünglichen Titel: La vie de Spinosa, par un de ses disciples. Hambourg (eigentlich Holland) 1735. Im Jahre 1768 druckte M. M. Rey zu Amsterdam eine neue Ausgabe als Traité des trois imposteurs, welcher sogleich eine Yverdoner 1768, andere 1775 (in Holland) und 1777 (in Deutschland) folgten.

Der Inhalt des Esprit de Spinosa (deutsch als: Spinosa II oder Subiroth Sopim. Rom bei der Witwe Bona Spes 5770 [Vieweg in Berlin 1787]) ist in der Kürze: Kap. 1: Von Gott. Kap. 2: Von den Gründen, welche die Menschen veranlaßt haben, sich ein unsichtbares Wesen vorzustellen oder was man gewöhnlich Gott nennt. Kap. 3: Was das Wort Religion bedeutet; wie und warum sich deren eine so große Anzahl in die Welt geschlichen. Kap. 4: Fühlbare und augenfällige Wahrheiten. Kap. 5: Von der Seele. Kap. 6: Von den Geistern, Dämonen genannt. Fünfzehn Kapitel kommen im Esprit dann noch hinzu, die im Traité nicht stehen.

Dafür, daß der echte Traktat schon früher gedruckt worden ist, läßt sich nur anführen, daß Florimond

Raimond (d. i. Louis Richeome) ein gedrucktes Exemplar bei seinem Lehrer Peter Ramus, dem bekannten Pariser Philosophen und Logiker, gesehen haben will; dieser aber wurde 1572 ermordet.

Zur Erläuterung des Textes sei auf die Anmerkungen verwiesen; im übrigen mag das Büchlein für sich selbst reden.

Anmerkungen.

1) Der Ausdruck des Originals „pustorum" ist offenbar ein Druck- oder Schreibfehler für „postorum" und dieses steht für „positorum", wie auch bisweilen in der klassischen Literatur; z. B. Lucretius Carus, lib. I, 1059 „Nitier in terraque retro requiescere posta" (sc. pondera) oder bei Vergilius, Aeneis, lib. I, 249: . . . „Nunc placida compostus (sc. Antenor) pace quiescit".

2) Die Worte des Originals: „Scil! hoc Ithacus velit etc." sind ein Zitat aus Vergilius, Aeneis, lib. II, 100 sq, das, um heute verständlich zu sein, in der Übersetzung etwas ausführlicher gegeben werden mußte; es heißt bei dem römischen Dichter:

„Quidve moror, si omnes uno ordine habetis Achivos,
Idque audire sat est? iamdudum sumite poenas;
Hoc Ithacus velit et magno mercentur Atridae!"

3) Der Kultus wird hier erklärt aus einer Erscheinung, die sich an der menschlichen Gesellschaft beobachten lasse. Diese bedürfe, um fortzubestehen, der gegenseitigen Hilfeleistung; die Hilfe jedoch werde von keinem umsonst, vielmehr von jedem nur unter der Voraussetzung einer Gegenleistung geboten. So werde der Egoismus des Einzelnen zur Stütze des Gemeinwohls: eine Lehre, die uns in der sogenannten Aufklärungsepoche von Bernard de Mandeville in seiner „Bienenfabel", dann in der ersten Hälfte des neunzehnten Jahrhunderts von Max Stirner in seinem berühmten Buche „Der Einzige und sein Eigentum", und dann zum Schluß des Jahrhunderts am beredtesten von Friedrich Nietzsche vorgetragen worden ist.

4) Die hiermit ausgesprochene Wahrheit, die jeden vor der Bildung solcher anthropomorphischer Gottesvorstellungen warnen

soll, wie sie das Alte Testament anfüllen, findet sich bereits unter den ältesten uns aufbewahrten Fragmenten der griechischen Philosophie; z. B. bei Herakleitos von Ephesus heist es: „Τιμαὶ θεοὺς καὶ ἀνθρώπους καταδουλοῦνται". „Ehrenbezeigungen verknechten Götter und Menschen". — Und wie oft warnt Pindar in seinen „Siegesgesängen" davor, sich die Götter unwürdig vorzustellen.

5) Die Berufung der Fürsten auf besonders intime Beziehungen zur Gottheit, wie sie in bezug auf Numa Pompilius, Moses, David usw. angeführt wird, darf auch heutzutage so lange nicht für abgetan gelten, als Fürsten sich noch „gesalbt" und „von Gottes Gnaden" nennen.

6) An dieser Stelle scheint der Verfasser seine eigene Weltanschauung nach ihrer positiven Seite anzudeuten, wenn auch nur in der vorsichtigen, fast schüchternen Form einer Hypothese. Man sieht, diese Weltanschauung ist — auf dem Hintergrunde aristotelischer Philosophie — Deismus mit durchaus transzendenter Gottesidee.

7) Die Grundlage, die hier der menschlichen Moral vindiziert wird, „die Einigkeit, sich wechselseitig beizustehen", bezeichnet den Standpunkt, den die Philosophen heutzutage den utilitaristischen Altruismus nennen; ihn vertreten noch jetzt mehrere der bedeutendsten englischen Ethiker.

8) An dieser Stelle läßt wieder der Verfasser, neben der Kritik, auch etwas von seinen positiven religiösen Überzeugungen, wenigstens mit behutsamer interrogativischer Wendung, durchblicken; es ist die auch später (im § 15) von ihm als nicht widerlegt bezeichnete Ansicht: Gott habe uns im Gewissen ein natürliches Licht zur Unterscheidung des Guten und Bösen verliehen, das nicht von den für geoffenbart oder heilig geltenden Schriften ersetzt oder überstrahlt werden könne.

9) Mit diesen Worten wird nach dem Exkurs über die Metaphysik und Ethik auf das frühere Thema, die Entstehung des Kultus, zurückgegriffen.

10) Zur Erklärung des Ausdrucks „der Priester in Indien" (Pontifex in Indiis) sei daran erinnert, daß seit dem Jahre 1001 Indien unter die Herrschaft der Mongolen geriet; und da in

den mohammedanischen Reichen der Herrscher zugleich geistliches Oberhaupt war, so konnte wohl ein besonders hervorragender Großmogul in Europa einfach als der „Priester in Indien" bekannt geworden sein. Die um das Jahr 1300 zustande gekommene Novellensammlung „Cento novelle antiche" berichtet in der zweiten Novelle von einer Gesandtschaft, die der „Priester Johannes, Beherrscher Indiens" („Presto Giovanni nobilissimo signore indiano") an den Kaiser Friedrich (natürlich Barbarossa) geschickt habe. Die Worte, mit denen der Fürst auch in verschiedenen anderen Werken jener Zeit bezeichnet wird, „Presto Giovanni re" oder „Pretejanni re" erinnern übrigens etwas an den indischen Namen „Herr der Erde" (Prithvirâjan oder Pithora Ray).

पृथिवीराजन्; So hieß auch ein König von Ajmir, der um 1191 zwischen den Flüssen Jamuna und Sarasvati die Afghanen besiegte und zu den bedeutenderen Herrschern Indiens gezählt wird; ihn verherrlichte der Dichter Chandra Bhatta in dem berühmten Hinduepos (in 60 Gesängen) „Prithviraja Charita", d. h. „Die Taten des Prithvirajan".

11) Gemeint ist die Stelle 2 Moses 11, 1—4 und 12, 35—36.

12) Gewiß ein Mißverständnis; denn das merkwürdige, wahrscheinlich sehr alte Fragment, das an dieser Stelle in den Text hineingeraten ist, gibt eher eine Erklärung dafür ab, wie ursprünglich der Brauch der Beschneidung entstanden ist, d. h. wie hierdurch, als durch ein Symbol (eine Synekdoche: pars pro toto) dem Gotte Jahwe Genüge getan wurde, der nun auf die Opferung des erstgeborenen Sohnes verzichtete. — Erst spätere priesterliche Tendenzen haben die Einsetzung der Zircumzision in die Patriarchenzeit versetzt.

13) Gemeint sind Stellen wie 1. Joh. 3, 2; Evang. Joh. 1, 18 und 1. Timoth. 6, 16.

14) Gemeint ist der Gegensatz von 1. Moses 2, 18 zu 1. Moses 1, 31 und den vorangehenden täglichen Beglaubigungen, es sei „gut". Bekanntlich stammen die Stellen aus verschiedenen Texten.

15) In der Sache hat der Verfasser recht; und es durften etwa solche Stellen angeführt werden wie 1. Timoth. 4, 7: „Weise

die Altweiberfabeln von dir ab", „βεβήλους καὶ γραώδεις μύθους", und manches andere Urteil des Paulus über die nur metaphorisch zu nehmende Bedeutung der Erzählungen des Alten Testaments; die hier zitierte Stelle jedoch, Galater 4, 3—4 und 9, hat eine ganz andere Bedeutung. Der ungenaue Text der Vulgata mag den Verfasser — ebenso wie später Luther, der ja auch von „Satzungen" spricht — irregeleitet und bewogen haben, an das Gesetz des Moses zu denken. Während nämlich in dem Vers 4 wirklich von einem Gesetze die Rede ist, nennen die Verse Galater 4, 3 und 9, ebenso wie 2. Petri 3, 10 und 13 die „Elemente der Welt", „στοιχεῖα", oder „στοιχεῖα τοῦ κόσμου" und πτωχὰ στοιχεῖα", worunter nach den damals in der griechisch-römischen Welt herrschenden Vorstellungen gemeint waren die mitunter zugleich als Götter gedachten Himmelskörper, besonders häufig die später als Götter der sieben Wochentage („Septizodium") auftretenden Planeten, die auch in den Sprachen der meisten Christen als Namen der Wochentage historische Unsterblichkeit erlangt haben. Sie haben also doch, obgleich der Apostel sie „armselig" nennt, eine gewisse Dauerhaftigkeit bewiesen.

16) Gemeint ist die Stelle 1. Moses 16, 1—4 und 21, 10—12. Die Sarah soll das Recht gehabt haben, ihrer Nebenfrau, der Hagar, solche Schmach anzutun gemäß den Bestimmungen des zu Abrahams Zeiten in jener Gegend geltenden Gesetzbuches des babylonischen Königs Hammurabi oder Amraphel (Codex Hammurabi: 146), der freilich nicht, wie das Alte Testament annimmt, ein Zeitgenosse Abrahams war (1. Moses 14, 1).